PNL

Una guía para principiantes sobre la programación neurolingüística

Louise Lowe

Contenido

Introducción

No hay nada fuera de ti que pueda salvarte de lo que eres. Que esta afirmación te haga hundirte en un tugurio de desesperación o te estimule depende por completo de tu sistema de creencias interno. Aunque estemos satisfechos en las distintas áreas de nuestra vida, todos tenemos una idea de quién queremos ser, de quién creemos que podemos ser y del potencial que sabemos que tenemos. A menudo dedicamos tiempo y muchos recursos a buscar una especie de salvador que salve la distancia entre donde estamos y donde queremos ir. A veces es la religión, un trabajo de ensueño o una relación. Todos ellos pueden aportar un inmenso placer y plenitud a una vida, pero ¿no es extraño que incluso cuando "consigues" lo que sea que pensabas que iba a arreglar tu vida, sigas apareciendo para sabotearlo? Si ya has llegado al lugar mental en el que sabes que eres tú quien se interpone en tu camino, ya has hecho la mitad del trabajo. Sin embargo, si sigues atascado en culpar a otras personas por la forma en que la vida parece seguir atacándote, tu narrativa está a punto de cambiar.

En 1976, Richard Bandler, un matemático que trabajaba como asistente del lingüista John Grinder, decidió crear un modelo de personas que tuvieran una capacidad de comunicación excepcional. Comenzaron estudiando a tres terapeutas que tenían enfoques variados y personalidades diferentes, pero que estaban vinculados por tener tasas de éxito notables con sus clientes; así surgió la Programación Neurolingüística (PNL). A lo largo de años de estudios, ensayos y pruebas, la PNL se convirtió en un enfoque psicológico para detectar y adaptar las creencias limitantes y los sesgos inconscientes que se convierten en barreras para alcanzar el éxito. Por supuesto, el éxito no tiene la misma definición para todos. No hace falta decir que si su idea de éxito es tener una pareja para toda la vida, dos hijos y una valla, ninguna cantidad de dinero o de viajes podrá convencerle de que ha triunfado en la vida. Al leer este libro aprenderás que la PNL puede utilizarse para mejorar cualquier área de tu vida. Por "mejorar", me refiero a un crecimiento sostenible a largo plazo.

Para muchos objetivos, existen las llamadas soluciones "fáciles", como con la intención de perder peso. Las dietas de moda y los regímenes de acondicionamiento físico de moda son las soluciones más comunes para perder algo de peso no deseado, pero un enorme número de personas lo recuperan todo con relativa rapidez. El motivo es que el método utilizado ha funcionado de forma superficial sin abordar realmente la causa principal del peso. La psicoterapia suele implicar una búsqueda exhaustiva para averiguar por qué la raíz está donde está. Esto suele llevar años de terapia porque a veces el individuo no recuerda lo que realmente ocurrió. Entonces, ¿qué? Para mucha gente hoy en día, pasar años retrocediendo en el tiempo no es una opción viable. Mediante el uso de las técnicas de PNL que encontrarás en este libro, puedes empezar a ver resultados casi instantáneamente. La PNL consiste en buscar y avanzar con lo que se ha demostrado que funciona. Si la planta no está creciendo bien, arranquémosla de raíz y plantémosla donde inevitablemente florezca.

La única persona que siempre estará contigo, independientemente de dónde vayas, eres tú. Así que tal vez hasta ahora has sido víctima de lo que no sabes, y lo que no sabes es que tomas decisiones varias veces al día para retraerte, permanecer o crecer. Afortunadamente, después de este libro, puedes decidir, ahora a nivel consciente, quién eres en la historia de tu vida: una víctima de tu pasado o el dueño de tu destino.

Capítulo 1: El mapa

Mi verano perfecto no es tu verano perfecto. Esta idea es especialmente evidente en una familia en la que hay hijos de diferentes edades. Por ejemplo, uno está en la escuela primaria y el otro en la secundaria. Intentar organizar un día igual de satisfactorio para toda la familia puede resultar un reto. Los padres pueden estar deseando tomar el sol un rato, el que está en primaria probablemente preferirá volver a casa para retomar sus dispositivos, y el que está en el instituto se encoge todo el tiempo, esperando que nadie le vea con sus padres. Todos están viviendo el mismo verano, pero sus ideas de disfrutarlo son diferentes. Podrías racionalizar que esto es lo que se espera según sus edades, y sin embargo, ¿sería correcto asumir que todos los adultos querrían pasar su verano tumbados al sol?

Hacemos esto todo el tiempo: suponer que la forma en que experimentamos la vida es la misma que la de cualquier otra persona, sin prestar atención a todas las situaciones cotidianas que nos demuestran que esto no es cierto. Pensemos en lo que ocurre después de un accidente de coche. La gente se reúne para preguntar qué ocurrió exactamente. Una persona puede decir los nombres de los coches implicados en la colisión y qué conductor se equivocó. Otra persona puede no decir o ni siquiera notar la marca de los coches y referirse a ellos basándose en el color. También es posible que otra persona le cuente cómo se atropelló a un anciano que ya fue trasladado al hospital. Todas estas personas estaban presentes y ocurrió exactamente lo mismo ante sus ojos, pero los detalles que captaron no fueron los mismos. No es de extrañar que, después de un accidente como el ocurrido, uno de los espectadores se marche sabiendo que no volverá a considerar la posibilidad de comprar un coche determinado en su vida, mientras que otro puede quedar tan conmocionado que tenga pesadillas y empiece a evitar esa carretera. Según la PNL, la forma en que alguien experimenta el mundo individualmente es su mapa.

El mapa no es el territorio

La ciencia nos dice que en un segundo la mente humana puede ser potencialmente consciente de 11 millones de piezas de información, pero solo se absorben 134.000 de ellas. Todo lo que ocurre a tu alrededor en un momento dado es lo que se denomina territorio. Según el ejemplo anterior, el accidente de coche formaría parte del territorio. Quizá prefieras ver el territorio como lo que está ocurriendo de hecho. Todo lo que describen los diferentes individuos está ocurriendo en el territorio. De los 134.000 bits de información que se absorben, la mayoría entra en nuestra mente subconsciente, y en realidad solo podemos seguir un máximo de menos de 50 de forma consciente. Lo que entra en el subconsciente formará patrones, relacionando la nueva información con otra similar almacenada. Esta comparación es la forma en la que damos sentido a lo que ocurre a nuestro alrededor, y este sentido es lo que nos lleva a reaccionar, responder o sentir sobre lo ocurrido. Este es el mapa.

La suposición básica de la PNL es que el mapa no es el territorio. Cuando ocurrió el accidente de coche, también estaban ocurriendo millones de otras cosas al mismo tiempo; el sol brillaba, los pájaros volaban, los semáforos cambiaban y la gente seguía su día también realizando sus acciones. Lo que cada persona asimile en ese momento depende de quién sea como individuo y del significado al que haya llegado basándose en sus recuerdos. Antes de que su mente haga la conexión y encuentre el significado de la información, no hay forma de saber cómo se sentirá o reaccionará.

Esto también nos dice que nuestro mapa del mundo es una visión muy pequeña y de alguna manera teñida de la realidad. Oímos e incluso utilizamos las palabras nosotros mismos a menudo: "No sé cómo no me di cuenta. Estaba justo delante de mí todo el tiempo". La razón por la que nos perdemos cosas aparentes es que nuestra mente cree que la información es irrelevante. Podrías pasar por delante de una zapatería todos los días sin darte cuenta porque tus zapatos no están rotos; está en el territorio pero no en tu mapa. Así que, en esencia, vemos lo que buscamos.

Mientras tu mente da sentido a los datos que ha tomado, entra en juego otro factor decisivo que determina cómo actuarás: cómo te sientes en ese momento. Los adolescentes son plenamente conscientes de los efectos de pedir a sus padres que vayan a una fiesta en un mal día, así que esperan con tacto el momento más oportuno, como cuando sus padres están burbujeantes y joviales. Si vamos a desmontar esta posible interacción, en un día en el que uno de los padres se siente estresado, posiblemente pagando las facturas, no sería prudente que el adolescente se acercara a ellos. Su mente ha asimilado las facturas, las ha comparado con todas las del pasado y se siente molesto. Su mapa del mundo ha levantado inmediatamente todos estos muros contra cualquiera que quiera quitarles algo. De ahí viene el concepto de atraer lo que se odia. En un intento de evitarlo, su mente se ha convertido en una guardia de vigilancia de más depredadores. Por lo tanto, cualquier cosa empieza a parecer una amenaza. El adolescente que busca un sí puede ver que no hay ninguno a la vista y se retirará hasta que haya uno en el horizonte. Si no lo hace, la interacción será decepcionante para ambos.

Esto puede parecer una interacción inofensiva a pequeña escala; sin embargo, nuestras vidas están construidas con miles de millones de ellas que se suman a comportamientos y actitudes. Nos inclinamos hacia la suposición de que el mundo se ve igual para todos nosotros y casi nos resistimos a la posibilidad de que haya otra forma de ver el territorio que sea igualmente correcta y válida. Todo lo que llega a nuestra mente consciente lo hace para reafirmar lo que creemos, filtrando docenas de otras verdades esenciales mediante la eliminación, la distorsión y las generalizaciones.

Supresiones

Una forma muy sencilla de entender cómo la mente borra la información es pensar en lo que ocurre cuando se examina un menú en un restaurante. Algunas personas lo leen todo, otras solo miran una sección concreta y otras buscan un elemento específico del menú. Independientemente de cómo lo hagas, habrás leído más información de la que tu mente considera necesaria. Alguien podría preguntarte diez minutos después qué hay en el menú y no tendrías mucho que decir, salvo los platos que te interesan. ¿Cómo ha hecho esto tu mente? Mediante el borrado. A lo largo de la escuela, habrías comprobado que los conceptos que te costaba retener eran de asignaturas que considerabas irrelevantes. Todo el mundo podría haber intentado hacerte ver la importancia de la geometría, pero si tu mente estaba decidida a que eso no tendría nada que ver con tu futuro, las fórmulas seguirían pasando por encima de tu cabeza como si no estuvieras en la clase.

Las supresiones nos ayudan a centrarnos en lo que requiere atención y a no distraernos, pero también nos perdemos mucha información útil. Mucha gente se mete en líos cuando llega San Valentín, alegando que se les ha olvidado. Para la pareja ofendida, puede sonar absurdo, sabiendo que toda la ciudad se transformó en corazones y rosas durante el mes pasado. Aunque probablemente no sea la mejor excusa, puede ser totalmente cierto que se hayan perdido todo el rojo porque su mente estaba concentrada en otra cosa.

Nuestro cuerpo trabaja en sincronía con nuestra mente. Si la mente decide borrar, la boca seguirá su ejemplo. Por eso el modelo de la PNL pone un gran énfasis en lo que se dice. La nominalización es una forma de decir palabras que cambian los verbos en sustantivos. Si alguna vez has tenido un problema grave con una gran empresa, probablemente hayas experimentado una gran frustración a manos de una persona que se erigió en un obstáculo para que llegaras a las personas que creías que podían ayudarte, utilizando frases como "la normativa dice" o "la dirección dice". Todas estas son supresiones hábiles de nombres y rangos. En la mayoría de los casos, las nominalizaciones son un intento de proteger a alguien. Cuando decimos "la guerra tiene que parar", estamos poniendo lo que creemos que es seguro y borrando información que creemos que nos dejará en una posición vulnerable.

A veces utilizamos simples supresiones en nuestras comunicaciones. Cuando alguien dice: "Eres imposible", se ha borrado toda una parte de la información. El hablante puede suponer que la otra persona entenderá lo que quiere decir, pero esas supresiones permiten una ambigüedad astuta en la que uno puede cambiar fácilmente y decir: "Eso no es lo que quería decir". Lo que es importante señalar es que, aunque lo que se diga no sea una mentira, las supresiones dejan fuera la verdad.

Distorsiones

Nos gusta dejar la capacidad de inventar historias a los escritores creativos. Quizá te sorprenda descubrir que tu mente también es bastante colorida. Una de las formas en que la gente suele distorsionar la verdad es jugando a "leer la mente". ¿Cuántas veces has asumido que no le gustas a tu compañero de trabajo porque no te habla? A la inversa, ¿cuántos simples saludos se idealizan porque así es como hubiéramos preferido ver las cosas? Pero no nos limitamos a leer la mente cuando se trata de distorsiones. También utilizamos una técnica llamada "causa y efecto" para vincular dos aspectos que de otro modo no estarían relacionados. Las personas permanecen en relaciones insanas durante largos periodos e incluso toda la vida porque se las arreglan para seguir distorsionando la verdad, racionalizando de esta manera: "Es un buen padre, así que no puedo dejar este matrimonio".

La ventaja de ser consciente de estas distorsiones es que puedes empezar a cuestionar ideas que antes aceptabas como inamovibles. No solo debes tomar nota de tus distorsiones, sino también de las de las personas con las que interactúas. Los profesionales de la PNL siguen haciendo preguntas cuando sus clientes utilizan distorsiones para ayudarles a revelar cómo han estado tergiversando la verdad. Cuando uses la PNL contigo mismo, tomarás el papel de tu propio practicante, indagando en ti mismo para obtener claridad. Las distorsiones que interiorizas te obligan a actuar de acuerdo con la historia que estás contando.

Generalizaciones

Estos pueden considerarse como los estereotipos con los que vemos el mundo, como que los hombres son perros y las mujeres son emocionales. Una vez más, tenemos un collage mental que respalda estas afirmaciones y estamos más dispuestos a atribuir lo que vemos a las categorías ya formadas que a imaginar la posibilidad de otra. Puede que hayamos rechazado conscientemente estos filtros despectivos, pero ¿qué pasa con las generalizaciones no tan obvias, como "Siempre llegas tarde" o "Los números no tienen sentido para mí"? Las generalizaciones pueden parecer fáciles de detectar; sin embargo, la forma en que entendemos lo que alguien nos dice suele ser también a través de las generalizaciones.

Generalizar nos permite encontrar rápidamente una categoría para la información. Si estás en un aparcamiento vacío y ves a una mujer mayor, puede que te sientas menos amenazado porque tu mente la ha etiquetado como segura. En cambio, si ves a un hombre que parece un vagabundo, puedes decidir moverte más rápido porque tu mente lo ha etiquetado como una posible amenaza. Lo que etiquetamos como instinto a veces no es más que marcos de referencia internos que envían señales de alerta y, para ello, las generalizaciones pueden ser valiosas. Pero, como todas las cosas que nos protegen de la vida, nos cierran a un mundo de posibilidades y oportunidades.

Los grupos en los que nos encontramos, algunos por naturaleza y otros por categorización social, pueden engañarnos fácilmente haciéndonos creer que somos iguales. En realidad, no podríamos ser más diferentes, incluso dentro de estos grupos. Sin embargo, al tomar conciencia de las categorías más pequeñas, ampliamos nuestros mapas y se nos caen las anteojeras.

Capítulo 2: Comunicación interna y externa

La conversación que tiene lugar dentro de tu cuerpo determina lo que significa para ti la conversación que tiene lugar fuera de él. El sistema nervioso central (SNC), formado por el cerebro y la médula espinal, controla las funciones de pensamiento, almacenamiento de información, comunicación y actos reflejos. Dado que los actos reflejos son reacciones corporales que no requieren pensamiento, esto implicaría que antes de que se produzcan nuestras otras acciones, hay un hueco para el pensamiento, independientemente de la rapidez con la que respondamos. Lo que no tenemos en cuenta en esta secuencia son todos los pensamientos inconscientes.

El SNC se basa en nuestros cinco sentidos principales para recibir señales. A medida que llega la información, el SNC busca experiencias pasadas como guía para la mejor respuesta. La mayoría de las personas descubren que si se enferman después de haber comido un determinado alimento, la próxima vez que se encuentran con él, sienten inmediatamente repulsión. Esto no significa que si comieron un trozo de pastel viejo la última vez, el siguiente también será rancio. Sin embargo, la información más reciente con la reacción más potente hace que su mente crea que las tartas son una amenaza y reaccionará a este efecto.

Si no hay información pasada en la que basarse, la mente hará algo un poco más fascinante. Se remontará al pasado para buscar soluciones de los años de formación de su vida. En última instancia, todo se reducirá a la percepción que la mente tenga de las señales recibidas, y por eso dos personas reaccionan de forma diferente ante la misma situación.

Modalidades de comunicación y sistemas de representación

En la PNL, nuestros cinco sentidos simbolizan nuestros sistemas de representación individuales. Todo el mundo tiene un sistema de representación primario, y puedes determinar el tuyo preguntándote cuál es tu forma preferida de recibir información. También puedes prestar atención a tu elección de palabras (predicados) para guiarte. Según el sistema visual, auditivo, cinestésico, olfativo o gustativo (VAKOG), tienes modalidades de comunicación predominantes, que abarcan tanto la comunicación interna (dentro de nuestro cuerpo) como la externa (con otras personas).

Visual

A las personas visuales les resulta más fácil entender y recordar las cosas que ven pasar. Por costumbre, la mayoría de la gente opta por ver un vídeo sobre algo en lugar de leer o asistir a una conferencia sobre el tema. Sin embargo, después de ver algo, una persona visual habrá retenido más información que cualquier otro tipo de personas. Cuando necesiten volver a consultar la información, podrán reproducir fácilmente lo que han visto en su mente. También es más probable que puedan decir cómo era el orador y la ropa que llevaba y se fijarán en los detalles visuales más pequeños. Las personas visuales se sienten atraídas por profesiones y aficiones que les permiten utilizar su sentido de la vista.

Cuando las personas visuales hablan, tienden a hacerlo con rapidez, lo que se asocia a la necesidad de responder verbalmente a la velocidad de las imágenes que tienen en su mente. Suelen utilizar las siguientes frases, que indican cómo funciona su sistema de representación interno:

- Me parece que...

- Míralo de esta manera.

- No veo cómo...

- Veremos cómo va.

Auditivo

Si puedes recordar fácilmente las palabras exactas que ha dicho alguien, podrías ser una persona auditiva. Este grupo de personas no solo son grandes oyentes, sino que también suelen reflejar lo que se ha dicho. Lo hacen para procesar lo que se dice. Las personas auditivas también son muy sensibles al sonido, por lo que si están intentando concentrarse, los sonidos aleatorios o fuertes les irritarán más que a los otros grupos. Incluso te dirán que no pueden escuchar sus pensamientos cuando la música está demasiado alta. A diferencia de las personas visuales, las auditivas no necesitan ver algo para que tenga sentido para ellas;

sin embargo, necesitan una explicación verbal para seguir adelante.

Para detectar a una persona auditiva, fíjate en los que se enfrascan de lleno en una conversación. Describirán a través de una lente auditiva y pueden utilizar las siguientes frases:

- Te escucho.

- Vamos a discutir eso.

- Esto no suena bien.

- Me parece bien.

Kinestésico

Los individuos kinestésicos necesitan hacer cosas para que tengan sentido. No les gusta que se les obligue a permanecer sentados durante mucho tiempo, a escuchar a alguien hablar o a ver cómo sucede algo. Asimismo, intentar que entiendan algo en lo que no han participado activamente no suele tener éxito. Las personas kinestésicas suelen tener una alta inteligencia emocional. Solo representan aproximadamente el 5% de la población. Es preferible que trabajen en entornos en los que puedan moverse y realizar múltiples tareas. Si intentas identificarlos a través del habla, busca palabras que se relacionen con sensaciones y acciones físicas, como las siguientes:

- Algo no se siente bien.

- No te sigo.

- Empecemos de nuevo desde cero.

- No me presiones.

Olfativa y gustativa

Se considera que los sistemas de representación más probables que tienen los individuos son el visual, el auditivo y el cinestésico. El olfato y el gusto son más secundarios y pueden utilizarse para mejorar las experiencias tanto para usos personales como para comunicarse con otras personas. Un individuo que tiene un sistema de representación olfativo fuerte, a menudo hará uso de su sentido del olfato. Al hablar de un acontecimiento pasado, te dirán cómo pudieron oler las flores o la comida. Una persona gustativa recordará los sabores.

Conocerse a sí mismo es fundamental para el éxito. Si eres un alumno visual que ha intentado destacar en un entorno basado en el oído, puede tardar el doble de tiempo en aprender lo que haría una persona auditiva. Con este conocimiento, puedes empezar a esculpir tu mundo para adaptarlo a tu sistema de representación primario. A medida que vayas leyendo, verás también cómo el conocimiento de los sistemas de representación de otras personas puede hacer que la comunicación sea menos incómoda.

Cuestiones de acceso a los ojos

Puede que hayas averiguado tu sistema de representación, pero puede que no sea tan fácil conocer el de la siguiente persona sin hacer preguntas invasivas. Las señales de acceso a los ojos son otra forma de averiguar el sistema de representación de un individuo, así como otros indicadores en la comunicación que son valiosos. Se suele decir que los ojos son las ventanas del alma; los ojos funcionan en conexión con las partes del cerebro que se utilizan en ese momento. Las señales de acceso a los ojos muestran signos para el pensamiento visual, auditivo y cinestésico.

Las señales de acceso ocular se basan en lo que se denomina un patrón normalmente organizado. Los que no siguen las reglas de este patrón se clasifican como de organización inversa.

Construcción visual

Cuando una persona está formando imágenes visuales en su mente, suele mirar hacia arriba y hacia la izquierda. Por lo tanto, si una persona visual está mintiendo, sus ojos se dirigirán hacia allí. Sin embargo, si se le pide a una persona visual un ejemplo de cómo sería la casa de sus sueños, no necesariamente estará mintiendo, sino que mirará hacia arriba y hacia la izquierda mientras construye las imágenes de su casa mentalmente.

Recuerdo visual/ memoria

Si se le pregunta a un individuo con un patrón normalmente organizado qué comió en la cena de hace cuatro noches, probablemente mirará hacia arriba y hacia la derecha mientras intenta visualizar el plato que tenía delante. Si, en cambio, mira hacia la izquierda, esto podría implicar que está inventando una historia sobre lo que comió.

Constructo auditivo

La construcción auditiva (cuando una persona con dominio auditivo está creando mentalmente) se refleja cuando los ojos miran directamente a la izquierda. Esto puede producirse mediante preguntas o peticiones que hagan pensar al individuo en lo que piensa decir o escuchar en el futuro. Se podría decir a una persona: "Si tuvieras la oportunidad de volver a hablar con tu difunto abuelo, ¿qué le dirías?". Se esperaría una mirada hacia la izquierda.

Memoria auditiva/recuerdo

Cuando se trae a la memoria una conversación que ya ha ocurrido, se trataría de un recuerdo auditivo y la señal ocular esperada sería una mirada directa a la derecha. Si alguien simplemente tiene un motivo para recordar un evento pasado pero mira hacia la izquierda, esto sugeriría que está recordando conversaciones y sonidos de ese evento. Esto nos llevaría a suponer que el individuo tiene un sistema de representación auditivo.

Pensamiento kinestésico

A veces, cuando una persona que tiene un patrón normalmente organizado se concentra en sentimientos físicos o emocionales, su movimiento ocular será hacia abajo y hacia la izquierda. Esto es directamente opuesto al pensamiento digital auditivo, donde la mirada también iría hacia abajo pero hacia la derecha, indicando el diálogo interno.

Las personas tienden a mirar directamente al frente sin movimiento ocular cuando están siendo sinceras y, por tanto, confiando en la información de forma natural. Aunque muchas personas son conscientes de las señales de acceso a los ojos, tienen un control limitado sobre sus sistemas de representación. Puedes utilizar esto en tu favor, para saber si has establecido una relación y cómo proceder en una interacción.

Rapport

Antes de poder comunicarse eficazmente con otra persona, es fundamental empezar por crear una relación de confianza. El concepto de rapport se refiere al establecimiento de una relación de confianza antes de proceder a la intención de la interacción. La comunicación es una parte esencial de la PNL porque ocupa una gran parte de nuestras vidas y tiene más efectos de los que somos conscientes. La mayoría de la gente piensa en la construcción de rapport en términos de ventas y sesiones de asesoramiento. Estos son dos ejemplos de cómo el rapport marca la diferencia; sin embargo, a menudo no logramos una comunicación fructífera con las personas de nuestra vida porque no nos molestamos en, primero, nivelar con ellas.

La idea que subyace a la creación de rapport es que, durante ese momento, dejas intencionadamente de ver el mundo desde tu propia perspectiva y tratas de cruzar y comprender el punto de vista de la otra persona. Como todas las reacciones positivas, esto les abre la posibilidad de ver también las cosas desde tu punto de vista. Sin compenetración, todo el mundo anda básicamente ensimismado. El ejemplo clásico siempre ha sido el de una pareja que llega a casa después de un largo día de trabajo. Ha pasado horas tratando con clientes y colegas, quizá también con un jefe, y lo único que quiere hacer es sentarse en silencio y tomar una comida decente. El compañero que estaba en casa ha estado ocupado, se ha sentido solo, y ha estado deseando tener alguna interacción adulta al final del día. Su optimismo se ve aplastado por el comportamiento de la persona que entra por la puerta. El resto de la noche se arruina; nadie fue capaz de cruzar a la perspectiva del otro.

No se puede fingir la creación de una relación genuina: hay que estar totalmente atento a la persona con la que se quiere mantener una conversación, captando todo su comportamiento fisiológico. Lo primero que hay que hacer para crear rapport es encontrar similitudes entre el individuo y tú, como la etnia, el grupo de edad o el género. La gente suele ser más receptiva a las personas con las que comparte similitudes. El truco está en buscar la correspondencia en aspectos que no tendrías que destacar verbalmente. Si no se puede encontrar, se puede pasar a crear similitudes reflejando el lenguaje corporal de la persona, que es donde las señales de acceso a los ojos resultan útiles. Pueden ayudarte a desarrollar una conexión real con la persona con la que hablas, porque después de todo, ¿no esperamos todos encontrar personas que nos entiendan? El reflejo incluye la frecuencia respiratoria, la proyección de la voz, el tono y el ritmo. Hacer preguntas permite a la persona saber que está realmente interesada en lo que está hablando. Sin embargo, la gente suele encontrar tedioso y desagradable que alguien hable de sí mismo largo y tendido. Si empiezas una conversación haciendo una pregunta tras otra, sin divulgar ninguna información sobre ti mismo, la comunicación adquiere un aire de interrogatorio, lo que puede provocar que la otra parte se aleje de ti.

Capítulo 3: Metamodelos

Sabiendo que recortamos información útil de nuestros mapas del mundo mediante supresiones, distorsiones y generalizaciones, el metamodelado es un concepto de preguntas diseñado específicamente para desafiar ese mapa. El lenguaje pone en palabras nuestro estado mental interno y es, por tanto, una puerta de entrada a la comprensión de las limitaciones que tú u otra persona puedan tener. Los metamodelos tienen en cuenta dos estructuras en cada persona: la estructura superficial y la estructura profunda. La estructura superficial es donde vemos la información recortada de la experiencia, por ejemplo cuando alguien dice: "Todo el mundo en el trabajo me odia". Así es como están viendo el mundo; sin embargo, no significa que lo que están diciendo sea cierto. Un practicante de PNL en este caso podría hacer las siguientes preguntas: "¿Te refieres a todas las personas de tu lugar de trabajo?" o "¿Cómo sabes que te odian?". Las respuestas a estas preguntas sirven para ampliar el mapa que el interlocutor tiene de su entorno laboral.

La siguiente sección abordará los patrones de metamodelos más comunes y te mostrará las preguntas que puedes empezar a hacerte a ti mismo y a los demás. Comprende que has estado operando con estos modelos durante un largo período, por lo que crear una nueva forma de pensar te llevará tiempo, práctica y repetición.

Supuestos

Como humanos, tendemos a ser ligeramente arrogantes en nuestros pensamientos. Puede que no utilicemos necesariamente las palabras "lo sé" en nuestras declaraciones, pero hacemos multitud de suposiciones. Nuestras suposiciones pueden ayudarnos a ser más productivos, pero también pueden darnos excusas para la autocomplacencia, como "tendría que ser más alto para triunfar en el baloncesto". La suposición clara es que, para que una persona tenga éxito en el baloncesto, tiene que tener al menos una determinada altura. Sin embargo, también hay una suposición oculta: que eres hábil y lo único que te impide es que no eres alto. El patrón de pensamiento resultante será probablemente que no tiene sentido intentarlo, sobre todo si ya se ha pasado la edad de crecer mucho más. Esta situación podría ampliarse al instante con la pregunta "¿Cómo sabes que lo habrías conseguido?" o "¿Cómo sabes que necesitas ser alto para triunfar en el baloncesto?".

Patrones de equivalencia complejos

Al supervisar nuestro discurso, también podemos detectar los casos en los que establecemos similitudes entre dos experiencias y fenómenos diferentes sin una base factual, lo que se denomina equivalencia compleja. Tomemos el ejemplo "Mi cliente acaba de retirarse del trato. Va a ser un mal día". La retirada de un cliente de un acuerdo en el que habías estado trabajando inevitablemente te hará bajar el ánimo, pero esto no se correlaciona con cómo va a ir el resto del día. Más bien, habrás tomado allí mismo la decisión de tener un día horrible y, por supuesto, todo lo que entre en tu mapa a lo largo del día lo cumplirá. Podrías creer que en un escenario así no tendrías la presencia de ánimo para hacerte preguntas que desafíen tu perspectiva, pero esto también es una historia que te estás contando a ti mismo. Hasta que no te cuentes una historia diferente, seguirás dejándote llevar por los viejos patrones. Cuando hagas afirmaciones de equivalencia compleja, pregúntate: "¿Cómo he llegado a esta conclusión?".

Performativos perdidos

Piensa en la siguiente frase: "Perderás mucho tiempo intentando hacer varias cosas a la vez". Este es un ejemplo de performativo perdido, que es una afirmación de hecho hecha sin el respaldo de una fuente o evidencia. Es posible que la persona que tiene este pensamiento o dice estas palabras haya fracasado en un intento de multitarea. Lo que esto pone de manifiesto es la frecuencia con la que asumimos que un par de fracasos equivalen a la imposibilidad. Cuando decidimos que esta es la verdad para nosotros, esperamos que sea la verdad para otras personas. Desafía esta idea preguntando: "¿Según quién?".

Verbos y sustantivos no especificados

Cuando un verbo o un sustantivo no se especifica en una frase, se dice de una manera que no da suficiente información, por lo que deja un amplio margen a la imaginación. Cuando alguien dice "sus hijos carecen de disciplina", la única parte de la frase que queda clara es el sujeto: los hijos. El verbo "carecen" indica la ausencia de algo, pero no especifica en qué medida. "Disciplina", como sustantivo, puede significar una cosa para el hablante y otra para el oyente. Cuando formes involuntariamente frases como esta, da un paso atrás y pregúntate qué es exactamente lo que estás evitando decir. Al convertir en un hábito el hecho de hablar de esta manera, estamos optando por introducir niebla en una situación que, de otro modo, sería clara. Una forma segura de detectar los verbos y sustantivos no especificados es evaluar si puedes visualizar fácilmente lo que acabas de decir o pensar, sin los conocimientos previos. Los verbos y sustantivos no especificados suelen ser más fáciles de identificar en el discurso de otra persona, pero con el compromiso, podrás detenerte y ser más elocuente.

El modelo Milton

El Modelo Milton funciona casi en oposición a los metamodelos, ya que requiere la misma ambigüedad que los metamodelos evitan. Cuando se utiliza el Modelo Milton, la intención es hablar de una manera que coincida con la mente inconsciente natural, lo que facilita que alguien esté de acuerdo contigo, por lo que utilizarías este modelo de manera más eficaz en la comunicación externa. El Modelo Milton hace uso de todos los metamodelos anteriores con intención. Por ejemplo, puedes utilizar afirmaciones del tipo "lo sé" para fomentar una línea de pensamiento concreta en alguien, como "sé que estás cansado de ver más casas y me gustaría ayudarte a encontrar lo que buscas". La forma en que está redactada valida emociones que un cliente aún no habría expresado pero que tendrían mucho sentido. Al utilizar la palabra "y" en lugar de "pero", no suena contradictorio ni desconsiderado con la posición del cliente. Los hipnotizadores y las meditaciones guiadas hacen uso del Modelo Milton para aumentar la capacidad de sugestión de sus clientes, como por ejemplo: "Al exhalar, tu cuerpo comenzará a relajarse".

Operadores modales

Los operadores modales son indicadores en el discurso de una persona de lo que le motiva. Por lo general, las personas operan en seis modos: necesidad, necesidad negativa, posibilidad, imposibilidad, deseo o elección. Estos modos afectan a la experiencia general de la vida de una persona o pueden ser específicos de un área. Los operadores modales entran en la categoría de las generalizaciones.

Necesidad y necesidad negativa

Cuando utilizamos palabras como "debe", "debería", "no debería" o "no puede", demuestra que en nuestros mapas creemos que no hay elección con respecto a lo que hay que hacer. El hecho de no tener elección crea un entorno de estrés percibido. El estrés no es siempre algo malo; a veces la presión de cumplir un plazo nos lleva a ser más productivos y a concentrarnos en nuestro trabajo. Cuando el estrés se convierte en el modo de vida, entonces se convierte en algo insano. Prestar atención a los operadores modales de necesidad y necesidad negativa puede definir las áreas de tu vida que están innecesariamente desordenadas. Utilicemos la mañana como ejemplo. Crees que deberías haber dormido tus ocho horas para funcionar de forma óptima, que deberías meditar y hacer ejercicio temprano, que los niños deben comer antes del colegio y que no deben llegar tarde al colegio. Si estás trabajando con el mismo reloj con el que trabaja el resto del mundo, lo más probable es que sea una mañana muy estresante y seguirá siéndolo sin cambios conscientes. Por supuesto, llevar a los niños a la escuela a tiempo sería una prioridad que traerá complicaciones si no se cumple. Sin embargo, otras creencias podrían ser más flexibles, como la cantidad de sueño que necesitas para funcionar bien o la hora del día en que meditas o haces ejercicio.

Cuando la mentalidad de la necesidad se traslada a otras áreas de nuestra vida, podemos encontrarnos viviendo basándonos en creencias limitantes, como "debo permanecer en este trabajo durante al menos cinco años" o "no puedo dejar el azúcar". Si dices estas palabras suficientes veces, te las creerás, y se convierte en una profecía autocumplida. Escuchar nuestro propio discurso no siempre es fácil, pero para encontrar dónde operas en la necesidad, podrías empezar por los aspectos de tu día o de tu vida que te hacen sentir presionado o infeliz.

Posibilidad e Imposibilidad

Todos tenemos una lista, larga o corta, de imposibilidades, es decir, cosas que no hacemos, personas con las que no hablamos o lugares a los que no vamos. En este momento, probablemente siga siendo una lista mental, pero encuentre tiempo para intentar escribir todas las que pueda. Pueden ser alimentos, trabajos e incluso conversaciones de las que nos alejamos cuando empiezan. A medida que los enumeras, puede que incluso sientas que tu cuerpo empieza a tensarse, que es una respuesta defensiva natural. Lo bueno es que en este ejercicio no tienes que defender tus imposibilidades ante nadie más que ante ti mismo. Ahora, pregúntate, punto por punto, "¿Por qué no?". Supongamos que encuentras la imposibilidad "No perdono fácilmente" en tu lista. Tu razón inicial podría ser "La gente me da por sentado cuando lo hago". ¿De qué personas se trataría y cómo has llegado a esta conclusión? ¿Una o varias experiencias desagradables te han llevado a vivir una vida sin perdón?

Un operador modal de posibilidad te abre a muchas otras posibilidades. Cuando hablas desde el punto de vista de poder hacer y al menos intentarlo, tu mente y tu cuerpo están dispuestos a apoyar con la acción.

Deseo

Entonces, ¿qué es lo que realmente quieres? La mayoría de la gente tiene problemas con esta pregunta. En primer lugar, porque desde muy pequeños nos enseñan que "querer no es conseguir". Está tan arraigado en nuestros patrones de pensamiento que incluso de adultos seguimos sintiéndonos culpables por desear. En ocasiones, quienes se atreven a responder a esta pregunta deciden utilizar palabras que justifican sus deseos, como "solo quiero un sueldo decente" o "lo único que pido es buena salud". Una vez más, las palabras están reflejando un ambiente interno en el que el individuo siente que no debe desear más. El deseo es un motivador necesario para salir de una posición de estancamiento. Si te niegas a desear, tu mente no tiene ninguna razón para alcanzar tu objetivo. Comienza a hablarte a ti mismo con claridad, y luego haz lo mismo con otras personas. Por ejemplo, prueba a decir "quiero ser un as en mi próximo proyecto" o "quiero entenderte". A continuación, escribe otra lista con las cosas que deseas.

Elección

Ahora, vuelve a repasar ambas listas y hazte dos preguntas por cada elemento: "¿Qué me impide hacer esto?" y "¿Qué pasaría si lo hiciera?". Puede que encuentres cosas que no deseas cambiar de la primera lista, como "Evito comer aguacates porque los siento viscosos en la boca". Lo que es diferente ahora es que sabes que no es imposible que comas uno y posiblemente si fuera el único alimento en una isla en la que estuvieras atrapado, lo harías. También puedes descubrir que hay vínculos entre la lista de imposibilidades y la lista de deseos. Por ejemplo, "no salgo con hombres bajos" podría estar en la lista uno y "quiero una relación estable" podría estar en la lista dos. Al comparar las dos, puedes ver una reducción instantánea de tu mapa, que probablemente no tenga una base sólida. Ahora que eres plenamente consciente de que se trata de una elección que estás haciendo, eres la autora de tu vida.

Capítulo 4: Metaprogramas

El autodominio siempre comenzará con el autodescubrimiento. Tú eres la persona más indicada para conocerte a ti mismo porque dentro de tu mente pasan muchas cosas que nunca verbalizarás directamente, algunas por elección. Si estás concentrado, reflexivo y atento, te darás cuenta de los patrones y descubrirás dónde tus caminos mentales toman repentinamente un giro y dónde se lanzan instantáneamente barreras, aparentemente de la nada, para impedirte avanzar. Los metaprogramas son esos patrones inconscientes con los que funcionamos, como los ordenadores. Así que, básicamente, el ordenador no está muerto, pero ¿está funcionando con un programa adecuado? Tal vez necesita una actualización o posiblemente el sistema está infectado con virus. Excepto que nosotros hacemos esto con nuestros ordenadores, ¿no es así? Notamos un fallo, nos irritamos con él una o dos veces, y luego nos acostumbramos a él hasta que ya no notamos el mal funcionamiento. Puede que haga falta que otra persona intente usar nuestro ordenador para que salga a la luz, y aun así, podríamos encogernos de hombros y pensar "Ah, bueno, no es su problema". Utilizar un ordenador que no funciona bien te hará perder tiempo, oportunidades, información y alcance. En caso de que no sepas dónde están los fallos de tu sistema, los metaprogramas te muestran una alerta de sistema categorizada.

Marco de referencia interno o externo

Tu marco de referencia es dónde o en quién te fijas para tomar decisiones. Una persona con un marco de referencia interno confiará en su propia opinión. No dependerá de otras personas para sentirse bien consigo misma o para utilizarla como vara de medir el éxito. En un espacio de trabajo, estos serán también los individuos que prefieren trabajar solos, y que solo necesitan objetivos claramente establecidos para ponerse en marcha. El reverso de un marco de referencia interno puede presentarse como una persona muy ensimismada con total desprecio por los demás y sus deseos. Por otro lado, una persona con un marco de referencia externo toma sus decisiones basándose en lo que otras personas piensan, hacen o les dicen. Quieren retroalimentación, seguridad, y gravitarán hacia el trabajo en grupo para obtener confianza. En exceso, un marco de referencia externo dará lugar a una vida que no deseaban genuinamente, como tener el trabajo que sus padres querían que tuvieran, el coche que sus amigos consideran genial y la pareja que les dijeron que sería una ventaja.

Tu marco de referencia tendrá sin duda raíces en tu educación. La mayoría de los niños con un marco de referencia interno son etiquetados rápidamente como tercos o, tal vez más cortésmente, como de carácter fuerte. La forma en que se desarrolla la vida, alejándose de casa y haciendo sus comidas, anima a los que tienen un marco de referencia externo a empezar a tomar sus propias decisiones. Pero esto no siempre ocurre. Muchas culturas y religiones de todo el mundo enseñan a los miembros femeninos de la sociedad a recurrir a los hombres para tomar decisiones. Como resultado, las mujeres criadas en estas sociedades se alejan de la toma de decisiones, y los hombres siguen adelante sin tener en cuenta la opinión de las mujeres. Romper a la fuerza con estos lazos sociales también puede conducir a mujeres arrogantes y hombres indecisos.

El equilibrio es la clave de un marco de referencia saludable, interiorizando cuando se toman decisiones sobre la propia vida y las preferencias, y exteriorizando para conocer y comprender también la experiencia del mundo de otras personas.

Hacia o desde el exterior

Cuando ves algo y lo deseas, ¿cuál es tu acción habitual? Para alguien que tiene un patrón de conducta, la reacción será ir inmediatamente a por ello. Muchas decisiones con las que nos encontramos requerirán un sí inmediato en las conversaciones cotidianas, como un colega que planea una reunión de fin de semana por capricho, y que pregunta: "¿Te apuntas?". También puede tratarse de una oportunidad de trabajo en la que el tiempo apremia. Lo creas o no, muchas personas se alejan de las cosas que desean. Podemos utilizar todo tipo de excusas para justificar por qué lo hacemos: la necesidad de hablar con otra persona al respecto, la necesidad de tiempo para pensarlo o la idea de que "lo mío nunca me va a faltar". Todas estas creencias son válidas y, de hecho, pueden ser una prueba de equilibrio y de asegurarse de tomar una decisión sensata, pero la verdad es que la mayoría de la gente suele saber ya la verdad. Ya sabes cuando haces una pausa, si vas a buscar un respaldo a tu "sí" o a tu "no".

Una vez que sabes que tu programa de funcionamiento es precipitarse ciegamente, puedes aprender a esperar y asegurarte de que quieres algo de verdad antes de proceder. Cuantos más actos espontáneos lamentes, menos podrás confiar en ti mismo. Por el contrario, si constantemente te convences de lo que quieres, cambia tu forma de actuar y busca afirmaciones para seguir adelante. Empieza con cosas pequeñas, como probar una nueva afición. A medida que vayas ganando confianza, pregúntate cuál sería el peor escenario posible. Lo más probable es que no sea un choque de trenes.

Clasificación por uno mismo o por otros

Los metaprogramas de clasificación por uno mismo o clasificación por los demás suelen funcionar simultáneamente con los marcos de referencia interno y externo, respectivamente. Un individuo que clasifica por sí mismo es reacio y se resiste a cualquier cosa que no le beneficie directamente. A veces, una persona tiene un marco de referencia externo, pero se clasifica por sí misma. Se mostrará muy egoísta, pero extrañamente siempre buscará la aprobación y la admiración de los demás. Lo contrario, es decir, una persona con un marco de referencia interno pero que se clasifica por los demás, se reflejará como alguien que no necesita motivación externa para ayudar a otras personas, por lo que hay cierto equilibrio, pero estas personas también pueden aparecer como controladoras porque, sin consultar a nadie, deciden lo que es mejor para los demás.

Ser egoísta es uno de los rasgos más difíciles de detectar en uno mismo porque hay una historia que mantiene intactas las acciones. Sería más fácil preguntarte cuándo fue la última vez que hiciste algo por otra persona que no tenía ningún beneficio, en absoluto, para ti. Igualmente, podrías preguntarte cuándo fue la última vez que hiciste algo ventajoso para ti. Si estás acostumbrado a seguir haciendo cosas que son beneficiosas para los demás a costa de tu bienestar, te quemarás. Sin embargo, el agotamiento no cambia los patrones de comportamiento; simplemente conduce a una mentalidad resentida.

Convencimiento

Este meta programa trata de lo que te influye cuando decides hacer o no hacer algo. Los convencedores automáticos son confiados hasta un nivel de credulidad; creen todo lo que se les dice. Conociendo el número de transacciones poco éticas en el mundo, es fácil ver por qué ser un convencedor automático conlleva un riesgo innecesario. Otras personas necesitan estadísticas o lapsos de tiempo para convencerse. Ambas son formas razonables de buscar una justificación antes de actuar. Sin embargo, la flexibilidad es clave, ya que no todas las estadísticas son ciertas y a veces diez años de experiencia no equivalen a una habilidad. Los que nunca convencen son exactamente eso: no hay nada que puedas hacer para convencerles de tu valía. Si estás tratando con una persona que nunca convence, es mejor que utilices estos conocimientos para ahorrarte el tiempo de intentar convencerla. Para conocer tu programa de convencimiento, busca a tu alrededor algo en lo que hayas dudado inicialmente y pregúntate "¿qué hizo falta para convencerte?". Para conocer el programa de convencimiento de otra persona, hazle preguntas relacionadas con lo mismo.

El colaborador contra el que va en contra de la corriente

¿Existe esa persona que casi siempre sabes que armará un escándalo por cualquier cosa? ¿Esas personas que siempre van a ir a contracorriente? ¿O eres tú? Las personas que se oponen a la corriente no quieren lo mismo que los demás. No buscan crear armonía de ninguna manera. Cuando se trabaja en equipo, suele ser útil tener al menos una persona que vea las cosas desde una perspectiva diferente, ya que esto puede cubrir los puntos ciegos. Sin embargo, se convierte en una pesadilla cuando se vuelven antagonistas y frenan a todos los demás solo por ser diferentes. Los colaboradores hacen lo contrario: se mantienen en línea con todos los demás. No les gusta agitar el barco. En exceso, los colaboradores pierden el contacto con sus propias ideas y parecen pretenciosos.

Ordenación del tiempo

El mindfulness ha crecido en popularidad recientemente porque la gente es cada vez más consciente de que se escapa del presente a menudo. Todos tenemos apegos y recuerdos del pasado en los que podemos pensar y hablar a veces. Esto es diferente de una persona que se refiere al pasado con frecuencia. Puede que sepa conscientemente que no puede volver al pasado, ya sea para disfrutarlo o para resolverlo, pero su mente subconsciente sigue recibiendo señales de querer volver. Esto puede dar lugar a un inexplicable estancamiento en la vida de la persona. Los objetivos son una parte importante de la PNL, en concreto, establecerlos claramente y permitir que la mente te lleve a ellos. Al aconsejar a las personas que se centren en sus objetivos, se forma la idea errónea de que deben vivir en el futuro. Para que sus sueños se conviertan en realidades, tendrían que volver al presente para allanar el camino hacia el futuro.

Negativo o positivo

Una serie de acontecimientos desfavorables puede llevar a alguien a tener una visión pesimista; no tiene que haber sido catastrófico, solo lo suficientemente vinculado emocionalmente como para verter gris sobre su lente. Por supuesto, crecer en un entorno negativo también puede hacer que el pesimismo se vea como algo normal, más seguro e incluso humilde en algunas sociedades. Una persona con una mentalidad positiva espera que la vida le salga bien. Son conscientes de que las cosas no siempre saldrán como uno quiere, pero su positividad les lleva a centrarse en el lado bueno de las cosas. Aunque ser optimista es un patrón más fructífero, el optimismo mal entendido puede ser molesto. Pocas personas quieren oír que hay un lado positivo cuando están de duelo. Los metaprogramas negativos o positivos son ejemplos clásicos de cómo la mente encontrará lo que busca.

Reencuadrar

Una vez que hayas podido encontrar el funcionamiento de los programas, puedes decidir cambiarlos. De nuevo, tu decisión de cambiar o seguir trabajando con un fallo dependerá de tus metaprogramas. Sabiendo ahora que el significado de algo comunicado es la respuesta recibida, nos dice que tus acciones se basan en cómo estás traduciendo las ocurrencias. Reencuadrar es una forma de cambiar el significado de tu mundo exterior para que actúes de forma diferente, como te gustaría.

Una forma de cambiar tu punto de vista es reencuadrar el contexto. Para ello, empieza por seleccionar un comportamiento con el que no estés contento. Por ejemplo, complacer a la gente. Podrías tener un marco de referencia externo, como esperar las sonrisas de la gente para sentir que has hecho un buen trabajo. Esto es agotador, pero en un contexto diferente, serías un anfitrión increíble. El comportamiento no es malo, solo hay que utilizarlo en el contexto adecuado.

Otra forma de reencuadrar es el reencuadre del contenido. Por ejemplo, considere la posibilidad de estar ensimismado. Tienes un marco de referencia interno y eres bastante ajeno a las opiniones de los demás. Desde un punto de vista social, evidentemente, esto sería problemático, pero ¿cuál es la intención de estar ensimismado? Posiblemente, evitar que te desvíes de tu objetivo. Una vez encontrada la intención positiva que hay detrás de tu alejamiento de los demás, puedes explorar otras formas de mantenerte centrado o de comunicarlo de forma eficaz a las personas que te rodean.

Aparte de una decisión consciente, la única otra manera de que los metaprogramas de una persona cambien es experimentando un evento emocional de importancia. La mayoría de estos acontecimientos son traumáticos, y oirás decir a la gente que nunca volvió a ser la misma después de la experiencia. Otros lo llamarán un momento de iluminación, pero lo que todo esto significa es simplemente que su visión del mundo ha cambiado, por lo que no pueden comportarse como lo hacían antes.

Capítulo 5: Cómo utilizar la PNL

A medida que empieces a conocerte mejor y a entender tus patrones, querrás empezar a utilizar la PNL de forma activa. Para no sentirse abrumado, puede elegir centrarse en un área de su vida a la vez, pero pronto notará que empieza a adoptar automáticamente una nueva perspectiva de la vida que se filtrará en todas las áreas sin tanto esfuerzo.

La PNL en el lugar de trabajo

Se pueden utilizar varios principios de la PNL para mejorar y maximizar nuestras carreras. Puedes empezar por determinar si tienes el trabajo que realmente quieres. Para ello hay que tener en cuenta cómo acabaste en el trabajo que tienes: pudo ser por tus circunstancias o tal vez te aconsejaron que aceptaras ese trabajo. Después de un cierto número de años, la gente tiende a conformarse con el trabajo que tiene. Si decides hacerlo, puedes reformular tu decisión para permitirte disfrutar de tu entorno laboral. En lugar de decir "Tengo que trabajar aquí porque es el único trabajo que he podido conseguir", puedes optar por quedarte con la idea de que "Este es el trabajo que me permite ganar un sueldo, y estoy agradecido por la oportunidad".

Dependiendo del tipo de trabajo que se tenga, el uso de la PNL fomentaría el ser audaz y salirse de la norma, que son rasgos adecuados para las carreras creativas, así como para aquellas que requieren frecuentemente encontrar soluciones. Saber escuchar algo más que las palabras que usan los clientes y consumidores, mejora su servicio y eficiencia. Empresas de todo el mundo incorporan técnicas de PNL en las ventas para establecer conexiones mejores y más fructíferas para ambas partes implicadas. Están pasando de la idea de priorizar solo la felicidad de los clientes a asegurarse también de que sus empleados estén contentos.

El uso de la PNL también te ayuda a ser más complaciente con otras personalidades, cuando antes podías juzgar a tus colegas por sus peculiaridades y comportamientos contradictorios con los tuyos. En lugar de mirar sus acciones en la superficie, sabes que no podrías saber lo que está pasando en el mundo de los demás. Al saber que tus sentimientos influyen en tu forma de reaccionar, deja de tener sentido dedicar tiempo a quejarte del comportamiento de un compañero de trabajo, ya que esto solo te hace estar más irritable y no tiene ningún efecto positivo en sus acciones.

Vida social

No es ninguna novedad que, aunque la tecnología ha facilitado el contacto entre las personas, las conexiones auténticas se han vuelto más raras. Tener un gran número de seguidores en las redes sociales no satisface el deseo humano natural de interacción social. Puedes empezar por definir cómo te gustaría que fuera tu vida social; esto podría ser tener más amigos o ser invitado a eventos sociales. Pregúntate qué es lo que te impide tener lo que quieres.

La ansiedad social es una condición en la que una persona se siente incómoda en las interacciones sociales. El nivel de afectación de las personas varía. Para algunos, es cualquier comunicación social, mientras que para otros, tener que hablar delante de la gente les paraliza. Las personas que luchan contra la ansiedad social rechazarán oportunidades y encontrarán excusas para evitar eventos. La ansiedad social es una condición médica, y la PNL no puede sustituir el tratamiento. Cuando la ansiedad solo está ligada a sucesos específicos, como hacer una presentación, se pueden utilizar dos técnicas de PNL para superar esta barrera: el Proceso de Fobia Rápida y el Patrón Swish.

Las fobias se desarrollan a partir de una asociación excesiva con un evento pasado. La asociación con un acontecimiento significa que cuando recuerdas lo que pasó, sientes que estás reviviendo la experiencia. Con la disociación, el recuerdo se reproduce en tu mente, como si te estuvieras viendo a ti mismo. En la mayoría de los casos, tendrás algunos recuerdos disociados y otros asociados. El Proceso de Fobia Rápida es una técnica de PNL diseñada para que puedas disociar los acontecimientos traumáticos.

Para llevar a cabo el Proceso de Fobia Rápida, necesitas encontrar un lugar tranquilo donde no te molesten. Recuerda el suceso que te provoca ansiedad y, a continuación, cierra los ojos e imagina que estás en una sala de cine, sentado en el centro con la pantalla delante. Ahora, vea en la pantalla el acontecimiento en pausa, en blanco y negro; tal vez fue una vez que se puso delante de un público y olvidó las palabras que había planeado decir. A continuación, tienes que encontrar una disociación de tres puntos, y lo haces imaginándote que te alejas de tu cuerpo hasta la cabina de proyección para poder ver tanto la película en blanco y negro como a ti mismo sentado en el cine. Mira la película desde la perspectiva de un observador disociado. Cuando la película termine, vuelve a verla pero al revés, lentamente. Si sigues repitiendo la película hacia atrás, un mínimo de diez veces, las sensaciones que desencadenan la ansiedad empezarán a desvanecerse hasta que recordar el suceso ya no te produzca ansiedad.

Otra forma de tratar la ansiedad es utilizar el patrón de balanceo. Con este método, se empieza por encontrar el desencadenante de la ansiedad. Intenta recordar qué ocurre exactamente antes de que aparezca la ansiedad; podría ser ver varios ojos enfocados en ti. Haz una foto mental de esto y mantén la imagen. Ahora, crea otra imagen en tu mente. Esta vez, hazla de cómo te gustaría comportarte: la confianza que te gustaría exudar y la calma que tendrías para hablar con claridad. Ahora que tienes dos imágenes en tu mente, coge la imagen desencadenante y hazla más grande y audaz en tu mente, mientras que simultáneamente encoges la imagen preferida en una imagen pequeña y oscura en el lado izquierdo de tu mente. Mantén las imágenes como están por un momento, luego haz un cambio rápido (swish) reemplazando cada imagen con la otra, de modo que ahora la imagen preferida es la ampliada y la desencadenante es pequeña. Repite esto tantas veces como sea necesario y, finalmente, dejarás de sentirte provocado por la primera imagen.

Tanto el Proceso de Fobia Rápida como el Proceso de Giro pueden utilizarse para otros comportamientos problemáticos que le impiden vivir una vida plena. Se han utilizado con éxito para las fobias a la serpiente y a la huida, así como para el tabaquismo y otras adicciones.

Relaciones

Los cuentos de hadas han provocado definitivamente el caos en términos de expectativas relacionales, pero también lo ha hecho la idea de encontrar a alguien que "simplemente te entienda". Basándonos en los aspectos fundamentales de la PNL, somos capaces de entender por qué es una carga poco realista e injusta esperar que otra persona cargue con ella. Independientemente de lo bien que creas conocer a alguien, hay mucho más que no sabes, simplemente porque somos seres complejos. Tus relaciones no pueden ser satisfactorias si te aferras a patrones y objetivos que te son esquivos. Si aún no tienes pareja y deseas una, podrías empezar por ser más intencional. Los profesionales de la PNL le dirán que un número increíble de clientes se resisten a ser intencionales en sus relaciones porque están completamente convencidos de la idea de los encuentros fortuitos. No hace falta decir que todos los caminos conducen a Hollywood. ¿Qué marco de relación persiste en tu mente, y quién lo puso ahí?

La idea de que las grandes relaciones no requieren ningún esfuerzo nos impide darnos cuenta de la capacidad que tenemos para construir algo significativo con otra persona. Al igual que en otras áreas de tu vida, tendrías que tener un objetivo general de lo que quieres que sea tu relación y luego dividirlo en objetivos más pequeños a corto plazo. La comunicación en tu relación podría cambiar por completo si te fijas objetivos sobre cómo te gustaría interactuar con tu pareja, y si lo llevas a cabo siendo intencional con tu discurso y tu lenguaje corporal. Podrías fijarte el objetivo de prestar a tu pareja la atención que te pide, reservar tiempo para ella y dedicarle toda tu atención.

En cualquier momento de tu relación, puedes decidir establecer un objetivo y redirigirte desde donde has estado y hacia donde te dirigías. La razón de esto es que la mayoría de la gente se pone como objetivo estar con una persona, conseguir que salga contigo, que se comprometa contigo, que se vayan a vivir juntos o que se casen, pero no tienen ningún sentido de la dirección hacia donde debe ir la relación después de eso. Si miras a tu pareja desde una perspectiva curiosa, te darás cuenta de que hay una mina de oro en ella, igual que en ti mismo.

Cuando escuchas a alguien en una relación decir que "una relación es una calle de doble sentido", creen que han hecho su parte y que la responsabilidad es de la otra persona de encontrarse con ellos donde están. Posiblemente, tomas la decisión consciente de que no quieres pelear con tu pareja. Llegas a casa y solo respondes cuando es necesario o cuando te hablan. Tu silencio tenía una intención positiva, pero ahora sabes que el significado de tu comunicación es la respuesta que obtienes. Para tu pareja, tu silencio puede significar una falta de esfuerzo o interés en ella. ¿No es interesante la cantidad de tiempo que perdemos intentando cambiar a todos los demás excepto a la única persona que sí tenemos el poder y la capacidad de cambiar?

Debido a nuestras diferencias, inevitablemente habrá comportamientos de tu pareja que te resultarán molestos. En lugar de magnificar el comportamiento, puedes reformularlo identificando la intención positiva que hay detrás de sus acciones, como por ejemplo tomar su tendencia a quejarse y enmarcarla como una señal de que todavía quiere estar contigo y mejorar la relación. No quejarse podría ser una señal de abandono.

Buenos hábitos, buena vida

Los objetivos están pensados para ser utilizados como indicadores, no como finalidades. El cambio se vuelve difícil de sostener cuando el enfoque está en una meta y no en un estado de ser. Lo vemos todo el tiempo con las personas que ganan la lotería antes de que sus mentes piensen en términos de abundancia; pierden el dinero rápidamente porque siguen siendo quienes eran antes de tener millones. La única persona que te bloquea para convertirte en el tú de tus sueños es el modelo terco y anticuado que te sigue convenciendo para que no te actualices. Tómate un tiempo para explorar quién quieres ser.

Este es el punto en el que la mayoría de la gente se pierde, centrándose en elementos externos, como la riqueza, un cuerpo esculpido o un estilo de vida. Éstos pueden ser productos de quien te conviertes, pero quién quieres ser tiene que ver con los rasgos que quieres poseer y el mapa que quieres tener del mundo.

Al repasar los rasgos que deseas, pregúntate por qué cada uno es importante para ti. Si tomamos el rasgo de ser conocedor, esto podría ser importante para ti porque aprender más aumenta tu conciencia y enciende tu creatividad. Si descubres que estar bien informado solo está en la lista porque alguien te ha dicho que es importante serlo, es mejor que lo taches y lo dejes fuera hasta que tenga un valor intrínseco para ti. Una vez que hayas completado tu descripción, compara esta versión de ti mismo con quien eres ahora, tomando nota de las áreas que necesitan ser modificadas. Ahora puedes determinar qué hábitos y rutinas necesitarías para convertirte en la versión deseada de ti mismo. Lo más probable es que descubras que los nuevos hábitos que tendrías que formar se contradicen con los que tienes actualmente, lo que significa que los viejos hábitos son ahora indeseables para ti. El Patrón Swish funciona eficazmente en la sustitución de estos viejos hábitos por los nuevos.

Siempre se plantea la cuestión de cuánto tiempo pasa antes de que una acción se convierta en un hábito. Los plazos oscilan entre uno y nueve meses, siendo la media 66 días. Cuanto más convincente sea tu identidad deseada, más fácil te resultará mantener tu compromiso.

Capítulo 6: Presuposiciones

Las presuposiciones de la PNL son un conjunto de principios para vivir, que cuando se incorporan exponen la miríada de creencias limitadas con las que estás operando. Puedes utilizarlos para conocerte mejor y estar más abierto a las diferencias entre tú y otras personas, dando lugar a una mejora de las relaciones.

Respeta el próximo mapa

Al comprender la complejidad de tu propio mapa y lo ajeno que puedes haber sido antes a la forma en que decides actuar, puedes ver cómo sería una suposición simplista en cualquier momento saber por qué la otra persona se comporta de la forma en que lo hace. Por eso, dos personas criadas en el mismo hogar pueden tener similitudes en sus comportamientos y sistemas de creencias, pero nunca pueden ser exactamente iguales. Cuando respetas el mapa de otro individuo, reconoces las diferencias de las que eres y no eres consciente. Pasas de ver a las personas desde una posición de sospecha a una de curiosidad y, por tanto, estás abierto a aprender en lugar de dictar.

Detrás de cada comportamiento hay una intención positiva

Nuestras motivaciones no son las mismas y, por ello, lo que nos impulsa a actuar será diferente. Independientemente de lo que se haga, la intención que lo impulsa es siempre positiva para el que actúa. Cuando alguien roba, su intención es obtener algo. Del mismo modo, una mentira suele ser un intento de protegerse de algo. El mentiroso lo hace sabiendo que si le pillan se arriesga a perder la confianza, entre otras cosas, pero la motivación que hay detrás de la mentira es mayor. Esto es útil para entender por qué puedes luchar para cambiar tu propio comportamiento. Es posible que comprendas perfectamente que comer comida basura todos los días puede provocar una serie de problemas de salud, pero si no consigues desenterrar la motivación que hay detrás de la adicción, dejarás de hacerlo y recaerás repetidamente. Del mismo modo, intentar que alguien se comporte de forma diferente sin entender qué impulsa sus acciones será un ciclo.

Si no funciona, prueba otra cosa

Mucha gente ha oído la siguiente definición de locura: "Locura: hacer lo mismo una y otra vez y esperar resultados diferentes". Lo sabemos, pero somos criaturas de costumbres. Otra forma de verlo es que nada cambia si nada cambia. Si buscas resultados distintos a los que has experimentado hasta ahora, tendrás que probar otra forma. Pregúntate cuántas de tus insatisfacciones y problemas actuales son nuevos. Los profesionales de la PNL dicen que una de las afirmaciones que muchos clientes utilizarán para problemas de larga duración es "lo he intentado todo", solo para desafiar "todo" y encontrar una vía explorada de una manera, muchas veces.

Siempre estamos comunicando

El lenguaje es muchas cosas; incluye palabras, gestos, lenguaje corporal y expresiones faciales. Incluso cuando estamos en silencio, estamos comunicando algo. Tenlo en cuenta a partir de ahora y sé más consciente de lo que expresas. Al igual que cuando creas una relación con alguien, presta atención a todas las demás comunicaciones que provienen de las personas, aparte de las palabras que se pronuncian.

La ecología es fundamental

Al evaluar un comportamiento, siempre es importante tener en cuenta el entorno y las circunstancias en las que se produce. Así pues, si quieres cambiar un comportamiento concreto, haz una evaluación de dónde te encuentras cuando generalmente te comportas así y cuál es el desencadenante. Lo mismo ocurre cuando intentas comprender la lucha de otra persona con un comportamiento sobre el que siente que no tiene poder. Si se trata de ira, primero puedes ayudarles a darse cuenta de que no siempre están enfadados. Lo creas o no, nadie puede estar enfadado todo el tiempo. Es posible que no puedan recordar todos los episodios de ira que han tenido, pero lo más probable es que puedan recordar los últimos. Habrá un hilo conductor. Podría ser algo como "y entonces empezaron a tomarme por tonto/ creen que soy estúpido, así que me enfadé". Si la persona enfadada es insultada verbalmente de esta manera, podría tomar conciencia del contexto que provoca su enfado; el entorno insultante no es propicio para un comportamiento positivo. Sin embargo, esto sería totalmente diferente si la persona enfadada no es insultada, sino que llega habitualmente al mismo

significado para una serie de comunicaciones, lo que implicaría
la necesidad de un cambio de contenido.

El significado de tu comunicación es la respuesta que obtienes

Puedes decir algo con la intención de una interpretación
específica; sin embargo, solo sabrás lo que de hecho significa
para el receptor por la forma en que reacciona o responde. Puede
que estés hablando con un cliente, describiéndole la gama de
paquetes que ofreces, cuando te detenga bruscamente para
decirte que su duda no tiene nada que ver con un fallo en el pago.
En ese momento, no puedes esperar cambiar su mapa. Lo que sí
puedes asimilar es la comprensión de que son sensibles a
cualquier suposición percibida sobre su capacidad financiera. Si
practicas un discurso conciso y un lenguaje corporal atento, tu
mensaje puede ser recibido como es debido.

No hay retroalimentación solo para el fracaso

Esta presuposición nos devuelve la permisividad que la
naturaleza ya nos dio para cometer errores. Cuanto más mayores
nos hacemos, más intentos infructuosos tenemos, y a menudo
nos sentimos desanimados porque habíamos asumido, como
adultos, que simplemente sabríamos cómo hacerlo todo bien. Si
vamos a fijarnos verdaderos objetivos que cambien nuestra vida
y a alcanzarlos, tenemos que sentirnos cómodos con todas las
cosas de las que huimos: la decepción, la vergüenza, que la gente
se burle de nosotros o incluso que perdamos a algunas personas
a las que nos aferramos por razones equivocadas. Puedes
preguntarte qué garantía tienes de que lo conseguirás; no hay

ninguna. Lo que habrás ganado es una mayor experiencia y un movimiento desde donde estabas antes de empezar.

Nadie está roto

Uno de los mayores contrastes entre la terapia convencional y la PNL es que en la terapia hay un trasfondo de personas rotas. Para que tengas una imagen real de lo que eres capaz, empieza por aceptar que no estás roto. Nadie lo está. Hasta ahora, has trabajado perfectamente, según los patrones mentales que funcionan dentro de tu mapa, para crear la realidad en la que vives. Una adaptación o ampliación de este mapa te impulsará igualmente a actuar de forma diferente, y así es como verás el cambio.

Calibrar el comportamiento

Estudios y encuestas demuestran que un número considerable de personas mienten a sus médicos sobre sus hábitos de salud. Pero no nos detenemos ahí. Seguimos rompiéndonos la cabeza, haciéndonos pruebas para demostrar lo que decidimos olvidar. Creemos lo que queremos creer de nosotros mismos y de los demás, pero la mayoría de las veces lo que creemos no es cierto. Mucha gente opta por rellenar como "bebedor ocasional" cuando la única ocasión es llegar a casa después del trabajo. Así que, mientras intentas encontrar una imagen real de quién eres en este momento, presta más atención a cómo te comportas que a las historias que te cuentas a ti mismo. Además, mientras te relacionas con otras personas, cree más en lo que te muestran que en lo que te dicen: puede que no estén mintiendo intencionadamente.

Tienes lo que necesitas

Si divides tus objetivos en pasos más pequeños, dejarán de parecer inalcanzables. También podrás ver que para el siguiente paso que tienes que dar, sí tienes lo que necesitas. Mientras parezca que no tienes lo que necesitas para el siguiente paso, lo más probable es que estés intentando saltarlo. Cuando adoptes la creencia de que tienes lo que necesitas, empezarás a ver cada paso siguiente. Tu mente subconsciente tiene más información de la que eres consciente. Con frecuencia nos vemos atrapados en la comparación, donde en lugar de comparar nuestro próximo paso con nuestra propia ubicación anterior, estamos mirando donde la siguiente persona está en sus vidas.

La elección gana

La persona que tenga más opciones siempre ganará. Esta presuposición te anima a tener siempre opciones y a buscar activamente situaciones en las que no se cierren las oportunidades. Cuando empiezas a sentir que no tienes opciones, tu mapa se vuelve a encoger. Del mismo modo, cuando eres flexible, tu mapa se amplía. El que está dispuesto a aceptar un trabajo en otros países tiene más opciones que el que se limita a una sola ciudad.

La integridad es la prioridad

La vida puede ser extremadamente ajetreada en la edad adulta, y se puede dedicar mucho tiempo a aspectos de la vida que no tienen verdadera importancia. La gente suele darse cuenta de esto cuando pierde a un familiar o a un amigo por la muerte. Puedes pasar años discutiendo con personas con las que podrías estar compartiendo momentos increíbles. Cuando decidas qué patrones quieres eliminar y cuáles te gustaría incorporar, céntrate en la totalidad, en el bien común.

Cambia tu respuesta, cambia tu mapa

El funcionamiento interno de nuestros patrones es tan intrincado e interconectado que actualmente somos incapaces de captarlo todo; sin embargo, puedes cambiar tu forma de comportarte incluso antes de que tenga sentido hacerlo. Si sabes que estás cansado de pelear con tu madre cada vez que la visitas, puedes decidir dejar de pelear, independientemente de lo que ella diga. Esto te parecerá imposible, y puede que quieras gritar ahora mismo "¡No tienes ni idea de cómo es ella!". Sin embargo, si deseas cambiar lo que está sucediendo, tendrás que responder de manera diferente. Tu mente te contará todo tipo de historias cuando te resistas sobre por qué no puedes permitir que te siga hablando de esa manera. Estos patrones han prosperado hasta ahora y están destinados a armar un escándalo, pero retoma el control y actúa de forma diferente.

Los presupuestos no son nuevos para ti. Nuestros metamodelos se basan en gran medida en nuestras propias presuposiciones. Del mismo modo, la PNL no pretende que las presuposiciones sean impecables, sino que son simplemente suposiciones disponibles para sustituir a las antiguas que dan resultados positivos.

Capítulo 7: Anclaje

El anclaje es una técnica esencial de la PNL que puede utilizarse de forma variable. Cuando se ancla, se vinculan los estímulos externos con una experiencia que ya existe. ¿Cuántas veces escuchas una canción y te sientes transportado en el tiempo a un evento, una estación o una época? A veces, la letra de la canción ni siquiera está relacionada con lo que vas a sentir, pero por sí sola, esa canción puede cambiar completamente tu estado de ánimo. Esa canción es un ancla, independientemente de lo que estés haciendo o de cómo te sientas. Te provoca siempre la misma reacción.

El concepto de anclaje sigue la teoría del condicionamiento clásico de Pavlov. En un principio, Pavlov se dio cuenta de que los perros que estudiaba empezaban a salivar cada vez que oían los pasos del guarda que les daba de comer. Entonces decidió empezar a hacer sonar una campana antes de dar la comida a los perros, y después de algún tiempo, los perros empezaron a salivar también solo con el sonido de la campana sin la comida. En este caso, la campana se había convertido en un ancla que provocaba el deseo de comer en los perros. El condicionamiento clásico funciona de la misma manera en los seres humanos y puede cambiarse y asignarse a diferentes experiencias con la misma facilidad.

Para que se desarrolle un ancla, es necesario que dos aspectos diferentes hayan ocurrido simultáneamente unas cuantas veces. Si sigues una rutina en la que tomas una taza de té y luego meditas todos los días, puede que te sorprenda que al tomar tu taza de té tu mente ya empiece a entrar en un estado meditativo.

Identificar un ancla por pasos

Todos los canales sensoriales pueden utilizarse para el anclaje.

1. Recuerda una experiencia plenamente asociada al recurso deseado. Puede ser un momento en el que estabas enamorado. Muchas personas experimentan una explosión de energía, optimismo y confianza cuando están enamoradas, lo que les lleva a tener una experiencia estimulante tras otra.

2. Activa el ancla justo antes de la mayor intensidad del estado emocional. Utilizando el ejemplo anterior, tal vez un determinado aroma sea un ancla, así que lo hueles intencionadamente justo antes de sentir el subidón que sentiste cuando estabas enamorado.

3. Encuentra algo para luego romper con la experiencia, como una pregunta perturbadora, como "¿Qué hora es?"

4. Para asegurarte de que el ancla funciona, vuelve a oler el aroma y comprueba si te devuelve el subidón.

Para que el anclaje sea eficaz, hay ciertos elementos clave que el proceso debe poseer. Un proceso de anclaje requiere una intensidad de estado notable. Si la experiencia es más intensa, el anclaje será más fuerte. Cuando se identifica un anclaje, tiene que estar intencionadamente programado para que coincida con el punto álgido de la experiencia. El ancla solo debe asociarse a ese estado específico y no debe utilizarse para desencadenar otros estados emocionales, ya que esto reduciría su eficacia. Cuantas más veces se fije el ancla, más se fijará mentalmente y tendrá el resultado deseado. Un ancla operativa debe tener la capacidad de dispararse exactamente de la misma manera que se fija.

La mayoría de las anclas entran en la categoría de anclas de recursos, que se fijan para acceder a un estado que se encuentra como recurso cuando se necesita, como un ancla para la determinación o un ancla para el coraje si se es propenso a alejarse de lo que se quiere hacer. Las anclas de recursos pueden apilarse para aumentar la intensidad. Quizá te gustaría sentirte feliz, agradecido y abierto a la vida, todo al mismo tiempo. Para apilarlos, tendrías que recordar todos estos estados, uno tras otro, y unirlos individualmente al mismo anclaje. Por ejemplo, podrías decidir anclarlos todos a un toque de tu oreja derecha.

A algunas personas les resulta poco natural pasar del estado en el que se encuentran actualmente al deseado. Prefieren pasar por unos cuantos anclajes intermedios en su camino hacia el estado óptimo. Esto se consigue encadenando anclajes. Es una técnica bastante larga. Si sabes que cada mañana llegas al trabajo sintiéndote aburrido y derrotado, pasar al instante a un estado de potencia impulsada sería sin duda como pasar de la primera a la quinta marcha. Desde el estado original, quizá prefieras pasar primero a la gratitud, al optimismo y luego a la inspiración antes del deseado anclaje final. Para ello, dispararías el primer ancla, y en su punto álgido, dispararías el segundo ancla. A continuación, rompe la primera ancla. Cuando la segunda ancla llegue a su punto máximo, dispara la tercera ancla y rompe la segunda. Sigue esta pauta hasta llegar al último anclaje, que mantendrás entre 5 y 15 segundos. Para que esto sea efectivo, necesitas tener una asociación profunda con cada ancla. Cuando hayas encadenado anclas con éxito, pasarás fácilmente de derrotado a impulsado.

A veces tenemos anclas desagradables. La técnica de encadenamiento de anclas nos permite tomar el control de las anclas asociadas negativamente reasignándolas a una experiencia agradable. Esto es similar al patrón Swish. Sin embargo, al colapsar las anclas, el recuerdo positivo es un recuerdo existente. El éxito de colapsar las anclas radica en tener una experiencia positiva más cargada emocionalmente que la negativa.

Pausa en el bucle

Cuando experimentamos estados emocionales intensos, la amígdala y el hipocampo trabajan con el cuerpo para formar una reacción en bucle. El lóbulo frontal del cerebro modera el comportamiento, y cuando se produce una reacción en bucle, esta parte del cerebro es puenteada. Las pausas de bucle son una forma de detener ese bucle antes de que se produzca la reacción. Una pausa muy conocida es hacer una pausa y respirar profundamente. De este modo, el lóbulo frontal entra en acción y racionaliza las acciones. Una forma de romper un bucle es traer a la mente un "pensamiento reconfortante". Veamos un ejemplo en el que tienes un colega que se sienta en el trabajo y solo te lo echa encima en el último minuto, lo que significa que tienes que trabajar en un plazo presionado. Entonces, se acerca el final del mes y tu colega empieza a enviarte trabajo, un artículo tras otro. Tu reacción habitual sería cargar contra el escritorio de tu colega y perder la calma. Para utilizar un pensamiento reconfortante en esta situación, antes de levantarte del escritorio puedes hacer una pausa, contar hasta diez y traer a la mente la escapada de fin de semana que has estado planeando. Si estás entusiasmado con ello, tu estado emocional cambiará y no será tan fácil después de esto actuar de forma irracional.

Fijación de objetivos

Por si no te has dado cuenta, establecer objetivos es una parte esencial de la PNL. Lo que la mayoría de la gente no nota es lo buenos que son ya en la consecución de sus objetivos. Hay una clara diferencia entre los objetivos y los deseos, pero la gente tiende a difuminar esta línea. Los deseos son anhelos que no se espera obtener y no se está dispuesto a trabajar para conseguirlos. Los objetivos, en cambio, son los que pretendes que se hagan realidad en tu vida y estás igualmente dispuesto a hacer lo que haga falta. Todos los días, te propones mini objetivos. Lo haces tan bien que has dejado de reconocerlos. Te marcas un objetivo para hacer la colada, otro para llegar al trabajo a tiempo y otro para devolver la llamada de tu madre. Todos ellos son objetivos a corto plazo, que conducen a los objetivos a medio plazo de tener la ropa limpia, ganar un sueldo y mantener relaciones importantes. El objetivo a largo plazo que engloba todo esto es sobrevivir. Cuando intentas ser intencional a la hora de establecer tus objetivos, de repente los pasos que das para pasar del deseo a la realización pueden parecer místicos cuando en realidad son muy sencillos.

Primer paso: ¿Qué quieres?

Empieza por decidir qué es lo que quieres conseguir. Presta especial atención a la palabra "tú". Te han dicho cuáles son los indicadores de éxito verbalmente o viendo cómo la sociedad estandariza las cosas. Pero, ¿qué significa el éxito para ti? La respuesta a esta pregunta es la que debe reflejar cada objetivo individual.

Segundo paso: Sé específico

Si volvemos a referirnos al ejemplo de establecer un objetivo para llegar al trabajo a tiempo, automáticamente lo siguiente que harías es tener un tiempo objetivo, lo que hace que tu objetivo sea específico. Ahora volvemos a nuestros tipos de VAKOG. Cuando pongas detalles en tu objetivo, añade los que coincidan con tus sentidos más fuertes. Supongamos que tu objetivo es comprar un coche: una persona visual haría bien en centrarse más en el aspecto del coche, mientras que una persona auditiva haría mejor en centrarse en las funciones.

Tercer paso: Determina tu ubicación

Imagina que intentas llegar a un lugar en el que nunca has estado, sin tener ni idea de dónde estás actualmente. El viaje podría ser mucho más largo, y las probabilidades de éxito se reducirían enormemente. Una vez que hayas averiguado dónde estás, aclárate a ti mismo por qué estás insatisfecho con ello. Si tu objetivo es comprar una casa grande, puede que evalúes tu ubicación actual y descubras que vives en una casa pequeña, y eso te hace infeliz porque te sientes agobiado y restringido para comprar otras cosas que te gustaría. Quieres la casa grande porque te dará un amplio espacio para tu familia y otras compras.

Cuarto paso: Resonancia

Todos los demás objetivos que alcanzas sin pensarlo resuenan con lo que eres. Si te cuesta alcanzar un objetivo, lo más probable es que haya alguna resistencia interna. Utilizando el mismo ejemplo de la casa grande, si hay una parte de ti que mantiene la creencia de que debes seguir viviendo en el barrio que lo haces, esto podría estar causando una falta de resonancia si sabes que no puedes construir una casa grande en esa zona. Trabajar con tus creencias conflictivas libera las partes de tu mente que se resisten, permitiéndoles alinearse con tus deseos.

Quinto paso: Obstáculos

Los artistas te dirán que uno de los obstáculos a los que se enfrentan con frecuencia es terminar las obras que han empezado. El hecho de que la dejen y empiecen otra obra implica que no se les acaba la creatividad, pero lo que sí ocurre a veces es que una parte de ellos tiene miedo de llevarla a término y sacarla al mundo para que la examinen. El miedo, por tanto, detiene el objetivo de crear una obra de arte provocando una repentina desconexión con la obra. El miedo es el obstáculo que provoca la desconexión con la obra. Una vez que hayas encontrado los obstáculos que se interponen en tu camino, puedes utilizar una técnica de PNL adecuada para cambiar el patrón de funcionamiento.

Sexto paso: Acción inmediata

Una de las principales excusas para no hacer ejercicio es no tener dinero para pagar la cuota del gimnasio. Esta excusa lleva a la gente a procrastinar durante meses que se convierten en años. Cuando se fijan objetivos, es importante encontrar los pasos inmediatos que se pueden dar para alcanzarlos. Puede que al principio tu mente luche por dar prioridad a lo que nunca se ha dado, pero descubrirás que cuanto más te ejercites, si ir al gimnasio es algo que realmente quieres, tu mente se organizará para disponer del dinero para una membresía. Al posponerlo para un momento más conveniente, refuerzas a tu mente lo poco importante que es el objetivo.

Séptimo paso: Visualización

La visualización es una técnica poderosa para añadir a la fijación de objetivos porque hace uso de los sentidos. Anteriormente, se creía que si no podías visualizar algo utilizando tu sentido de la vista (interno), te costaría verlo manifestado; sin embargo, al comprender que tenemos diferentes puntos fuertes en nuestras sensaciones, esta visualización anima a dar prioridad a tus sentidos más fuertes. Puede que a una persona no le resulte fácil utilizar su imaginación para visualizar la pareja que sueña tener, pero le resultará más natural conectar con lo que sentiría su pareja soñada. Otros pueden ser capaces de escuchar la música o la voz que tendría esa persona. Si eres capaz de involucrar todos tus sentidos, esto te proporcionará una experiencia más intensa. Cuanto más detallada sea la visualización, más intensas serán las sensaciones. Tu mente se esforzará por alcanzar esta dicha, y así es como se formará el camino.

Conclusión

Si no sacas nada más de este libro, quédate con el hecho de que la forma en que has estado viendo el mundo ha sido única para ti. La información y las técnicas de este libro tienen como objetivo ampliar tu visión y hacerla más receptiva a otras perspectivas. Hay un mapa sobre el que has estado corriendo durante todo este tiempo, e independientemente de lo mucho que hayas estado expuesto, te servirá más ser siempre consciente de que hay más por aprender. La educación nos ha proporcionado la ilusión de que se puede pasar de un nivel a otro hasta llegar a un lugar percibido como "omnisciente". La intención de la educación, que hemos pasado por alto, es abrir nuestras mentes a una gran cantidad de información, en lugar de encerrarnos en la idea de que podemos saberlo todo. La PNL es un condicionamiento de la mente, que nos permite y anima a acercarnos a la vida con curiosidad.

Al comprender la forma única en que ves el mundo y los sentidos que priorizas, puedes hacerte cargo de cómo se desarrollará tu historia. Hasta ahora, nos hemos adherido a un sistema de bueno, mejor y mejor, en lugar de reconocer que hay diferencia, variabilidad y todavía matices. En lugar de permitir que los patrones aprendidos nos controlen, la PNL nos da la oportunidad de crear realmente una vida con nuestra firma. El lenguaje es algo que hemos dado por sentado, pero es lo que nos une a todos los fenómenos de la vida. Nos comunicamos a través del lenguaje y etiquetamos lo que experimentamos de la misma manera. A pesar de las diferentes lenguas que hablamos, hemos conseguido romper las barreras, porque el lenguaje es más que palabras. La lengua es la forma de dar sentido a tus experiencias, e incluso los textos más antiguos del mundo nos dicen que la lengua tiene el poder de la vida y la muerte. ¿Qué te dice tu lengua y a qué te lleva?

La sección sobre los metamodelos saca a la luz el modo en que nuestra lengua sigue reforzando ciertos patrones, lo que nos hace quedarnos atrapados en historias que queremos cambiar. Comprender los metaprogramas nos da la oportunidad de ver que hay un filtro que llevamos habitualmente y que lo pinta todo del mismo color. Con la conciencia, igualmente, llega la oportunidad y la responsabilidad en uno mismo de elegir mejor. El aumento de la cognición de que en realidad no vemos la vida tal y como es nos hace estar más alerta y ser más compasivos con los filtros que operan a nuestro alrededor. ¿Es posible que la forma en que has estado interpretando el comportamiento de alguien no sea realmente lo que está comunicando?

Hay muchas soluciones para cambiar una u otra área de nuestra vida. Al incorporar las técnicas de PNL, puedes tomar el control de tu vida en su totalidad, porque el único aspecto que te controla hasta ahora es tu mente y las historias a las que se ha aferrado durante mucho tiempo. Eso no hace que la mente sea mala. Al contrario, trabaja eficazmente para protegerte, pero si siguieras deteniendo a un bebé cada vez que intentara levantarse, se convencería de que no puede caminar.

Ahora que entiendes que encuentras lo que sales a buscar en este mundo, las presuposiciones proporcionan una perspectiva preferente que se sabe que ha dado resultados sustanciales. Habrás comprobado que la PNL trabaja con técnicas que la mente ya ha estado utilizando, pero las afina para maximizar tus capacidades. El anclaje, como se ha explicado, es uno de estos ejemplos, siendo la razón por la que tenemos poderosos recuerdos y fobias, destinados a protegernos. Pero esta misma técnica puede utilizarse para evocar los estados de ánimo en los que destacamos. La fijación de objetivos, ya sea de forma intencionada o simplemente por vivir, siempre formará parte de la existencia humana.

Cuando se creó la PNL, la idea era encontrar cómo la mentalidad y el comportamiento de las personas con éxito diferían de los de los demás, descubriendo distinciones considerables. A raíz de esto, la gente ha intentado copiar los estilos de vida de las personas de éxito, quedándose cortos porque los filtros a través de los cuales ven el mundo son totalmente diferentes. ¿No es cierto que se lee de una figura prominente que se ha arruinado, pero en poco tiempo vuelve a llevar una vida fastuosa? Para ellos, la quiebra no es una opción, y su quiebra no es la misma que la tuya: su filtro frente al tuyo.

La PNL no invalida nuestras historias y experiencias, sino que reconoce el poder de una historia. Nos aferramos a las historias mucho después de su existencia, negándonos a dejarlas morir, hasta que las transmitimos genéticamente. Si vamos a aferrarnos a las historias, lo más lógico sería elegir las que nos construyen. Ahora eres consciente de las limitaciones de tus patrones, y te han dado las claves. Tienes lo que necesitas, puedes elegir, y puedes trabajar perfectamente para conseguir lo que decidas perseguir.